AF381507

Matthias Müller ist Unternehmens- und Nachhaltigkeitsberater und lebt in der Schweiz. Er war Präsident der Schweizer Niederlassung von "The Natural Step" und hat die Smartphone-App Nachhaltigkeits-Kompass initiiert und auf den Markt gebracht.

Nachhaltigkeits-Kompass.

Schlauer denken, schlauer handeln

Eine Anleitung für nachhaltige Entscheidungen

Matthias Müller

emem Verlag / emem.ch
compass-for-sustainaibility.net

Die Fragen des Nachhaltigkeits-
Kompasses helfen uns auf sanfte
Weise zu realisieren, dass wir
nachhaltiger leben WOLLEN.

Bob Willard

Ihr Nachhaltigkeits-Kompass

Jeden Tag fällen wir Entscheidungen, die sich auf unsere Umwelt und die Menschen auswirken. Wir entscheiden über Einkäufe, Anschaffungen, Ferienpläne, geschäftliche Projekte, Vorhaben in der Verwandschaft, dem Verein oder an der Schule.

Und immer öfter möchten wir sicherstellen, dass sich diese Entscheide nicht negativ auf Mensch und Natur auswirken. Wir wollen schützen, was unsere Lebensgrundlage ist.

Der Nachhaltigkeits-Kompass entscheidet nicht für Sie. Er unterstützt Sie darin zu überlegen, wie Sie schlauer handeln können.

So könnten Sie vorgehen, um einen Nachhaltigkeits-Kompass für eines Ihrer Projekte einzurichten: Wenn Sie eine Entscheidung vorbereiten, studieren Sie die zwölf Kriterien des Nachhaltigkeits-Kompasses. Im Laufe der Lektüre oder im Gespräch mit Freunden, Familie, Kolleginnen und Bekannten wird sich herausschälen, welches die vier Kriterien sind, die Sie besonders beachten möchten. Das ist Ihr Nachhaltigkeits-Kompass für eine bestimmte Entscheidung oder ein spezifisches Projekt (ähnlich wie die vier Himmelsrichtungen bei einem "richtigen" Kompass).

Noch ist die Arbeit nicht getan: Zu jedem der Kriterien gibt es eine Checkliste mit Fragen, die es Ihnen erlaubt, noch besser herauszufinden, wie Sie schlauer handeln können. Diese Checkliste ist nicht abschliessend. In Gesprächen und dank weiterer Informationen werden Sie auf zusätzliche Ideen oder gar Lösungen stossen.

Das ist es: Schlauer denken, schlauer handeln!

Was braucht es, damit der Nachhaltigkeits-Kompass Sie unterstützen kann?

- Eine Entscheidung, die Sie beschäftigt
- Ihre Neugier und Bereitschaft zu recherchieren und über Ihre Entscheidung auszutauschen
- Ihre Kreativität beim Bestimmen Ihrer Handlungsmöglichkeiten
- Ihren Mut, schlauer zu handeln.

Sie finden zu jedem der zwölf Kompass-Kriterien eine Seite, auf der Sie sich Notizen machen können.

Sollten Sie andere auf den Nachhaltigkeits-Kompass aufmerksam machen wollen, dann schenken Sie das Büchlein oder laden Sie das pdf. auf der Webseite herunter: compass-for-sustainability.net.

Bild: Shutterstock

Schwermetalle, rare Erden

Es gibt zwei Gründe, um die Nutzung von Schwermetallen und raren Erden (in Unterhaltungselektronik, Handys, Farben, PVC, Kosmetik) einzuschränken:

1. Sie belasten, ja vergiften Menschen und das Ökosystem nur schon in kleiner Konzentration (Blei, das in Wasser gelangt).

2. Weil sie rar sind, sind sie mittelfristig wirtschaftlich zu teuer und ihre Gewinnung basiert oft auf Ausbeutung von Menschen (z.Bsp. Kobalt in Handys).

Es ist wichtig, dass die Nutzung von Schwermetallen und raren Erden zurückgeht.

Schwermetalle, rare Erden: Checkliste

- Weiss ich, ob Schwermetalle oder rare Erden verwendet werden – sind sie klar ausgewiesen?
- Gibt es Alternativen, die weniger oder gar keine Schwermetalle oder rare Erden verwenden?
- Kenne ich einen Anbieter, bei dem ich elektronische Geräte zurückgeben kann und wo ich sicher bin, dass sie fachgerecht wieder-aufbereitet werden?

Meine Notizen

Bild: Aliencow, Rio +20 demonstration huge globe

Partizipation

Partizipation heisst Teil werden und Teil nehmen. Wer partizipiert, kann Einfluss nehmen und verstehen, was andere wollen. So können Menschen auch Verantwortung übernehmen. Lösungen, an denen viele partizipieren, sind oft tragfähiger als Lösungen, die Einzelne oder kleine Gruppen entwickeln.

Es ist wichtig, dass die Menschen darüber mitbestimmen können, wie ihr Leben verläuft.

Partizipation: Checkliste

- Wie ist Partizipation sichergestellt?
- Sind Einzelne oder Gruppen gezielt davon ausgeschlossen, einen Beitrag zu Entscheidungen zu leisten, die sie direkt betreffen?
- Werden alle relevanten Akteure/Beteiligte mit Respekt behandelt?

Meine Notizen

Bild: Shutterstock

Passende Befriediger

Befriediger sind Objekte oder Handlungen, die menschliche Grundbedürfnisse wie Freiheit, Sicherheit und Partizipation befriedigen. Manche Befriediger unterdrücken oder blockieren die Befriedigung anderer Grund-Bedürfnisse – oder sind einfach ungesund. Übertriebenes Glücksspiel zum Beispiel macht einsam. Ein Sechs-Stunden-Flug ins Wellness-Wochenende löst Stress aus und schadet der Natur und blockiert damit langfristig das Bedürfnis nach Sicherheit.

Es ist wichtig, falsche Befriediger zu vermeiden.

Passende Befriediger: Checkliste

- Wird das, was ich vorhabe, mich, meine Familie und Freunde wirklich befriedigen?
- Kann ich sicherstellen, dass die geplante Handlung nicht die Befriedigung anderer wichtiger Bedürfnisse blockiert oder verunmöglicht?
- Welches Bedürfnis möchte ich eigentlich befriedigen?

Meine Notizen

Bild: Torsten Henning, Warnzeichen D-W003
nach DIN 4844-2

Chemikalien

Viele von Menschen gemachte Chemikalien und Plastik-Arten sind sehr beständig und können von der Natur kaum abgebaut werden. Sie richten beträchtlichen Schaden an, wenn Sie in die Nahrung von Mensch und Tier gelangen (z.Bsp. PET in Fischen) oder Wasser oder Böden verseuchen. Diese Materialien sollten eingesammelt und recycelt werden - oder durch Materialien abgelöst, die die Natur abbauen und nutzen kann.

Es ist wichtig, dass weder kaum abbaubare Chemikalien noch Plastik in die Natur gelangen.

Chemikalien: Checkliste

- Weiss ich, wie und welche Chemikalien verwendet werden?
- Wo kann ich Plastik zurückgeben?
- Weiss ich, ob über die Nutzung des Angebots/Produkts Chemikalien freigesetzt werden (Ausdünstung, Abrieb, Auflösung im Wasser)?

Meine Notizen

Bild: Shutterstock

Schutz der Natur

Die Natur wird zerstört durch Überfischung, rücksichtslose Abholzung, unkontrollierte Abfall-Deponien oder durch Überbauung. Mit diesen Tätigkeiten wird die Fähigkeit der Natur eingeschränkt, ihre "Öko-Dienstleistungen" wie Wachstum (Pflanzen), Reinigung (Wasser) oder Speicherung (von Wasser und Energie) zu erbringen.

Es ist wichtig, dass die Natur nicht durch physische Einwirkung zerstört wird.

Schutz der Natur: Checkliste

- Kenne ich Dienstleistungen und Produkte, die die Zerstörung der Natur reduzieren oder rückgängig machen?
- Wie kann ich durch mein Verhalten dazu beitragen, die Zerstörung der Natur zu verhindern?
- Wie kann ich Erosion verhindern? Um den Verlust von 5mm Oberboden wiederherzustellen, brauchen die natürlichen Prozesse 250 bis 300 Jahre.

Meine Notizen

Bild: Shutterstock

Fossile Brennstoffe

Fossile Brennstoffe versorgen die menschliche Gesellschaft mit günstiger Energie. Das systematische Verbrennen von Erdöl und den daraus gewonnenen Stoffen wie Benzin ist zur grössten Bedrohung für die Biosphäre geworden. Treibhaus-Gase wie CO_2 oder Methan führen zu massiven Veränderungen des Klimas und in den Öko-Systemen unseres Planeten. Jetzt müssen Praktiken gefördert werden, die die Nutzung erneuerbarer Energien im grossen Rahmen ermöglichen.

Es ist wichtig, dass der Gebrauch von nicht erneuerbaren fossilen Brennstoffen beendet wird.

Fossile Brennstoffe: Checkliste

- Kann ich mein Ziel auf eine ganz andere Art und Weise erreichen - ohne Brennstoffe zu benutzen?
- Gibt es ein Angebot, das die Abhängigkeit von fossilen Brennstoffen reduziert?
- Könnte ich die von mir verursachte CO2-Belastung kompensieren - bei einem Anbieter meines Vertrauens?

Meine Notizen

Bild: Shutterstock

Verbundenheit

Vielen Menschen tut es einfach gut, sich in der Natur zu bewegen. Frische Luft, Sonne, Wind und Regen zu erleben, gibt vielen Orientierung und frische Kraft. Verbundenheit mit der Natur heisst, seine eigene Bedeutung einschätzen zu lernen und die Fragilität des Öko-Systems zu erkennen.

Es ist wichtig, sich mit der Natur verbunden zu fühlen.

Verbundenheit: Checkliste

- Was ist Natur für mich: ein Ort der Erholung, ein Ort der Kontemplation oder ein Ort des Lernens?
- Wird mir das Resultat meines Vorhabens bewusst machen, wie abhängig ich von der Natur bin, und werde ich damit die Schönheit der Natur erleben?
- Braucht die Natur mich und meine geplante Handlung?

Meine Notizen

Bild: Howard Dickins, Riverside Farmers Market, Riverside, Cardiff, Wales.

Fairness

Fairness bedeutet, jedem Menschen die Möglichkeiten zuzugestehen, die ich für mich selbst in Anspruch nehme. Um fair zu sein, muss man gelegentlich auf eigene Vorteile zugunsten anderer verzichten.

Fairness und Transparenz können Sie zum Beispiel als Konsument einfordern und befolgen: manchmal kommt es teurer, aber Sie nehmen Verantwortung gegenüber der Gemeinschaft wahr, in der Sie leben.

Es ist wichtig, dass wir Fairness in einem umfassenden, globalen Sinn leben.

Fairness: Checkliste

- Nutze ich meinen Einfluss und unterstütze den Konsum von Produkten, die auf faire Weise hergestellt wurden?
- Bin ich sicher, dass die Rechte, die ich beanspruche, auch anderen zur Verfügung stehen?
- Wie würde ich Fairness meiner Familie, meinen Freunden und Bekannten erklären?

Meine Notizen

Bild: Shutterstock

Gesundheit

Unsere körperliche und seelische Gesundheit ist täglich herausgefordert: durch Mangel, Überfluss oder fehlende Balance (Ruhe und Stress). Und: Was für den einen gesund ist, kann für den anderen ungesund sein. Beispiel: Kleider schützen ihren Träger, können aber unter gesundheits-gefährdenden Umständen produziert werden.

Es ist wichtig, dass Menschen auf ihre Gesundheit und die Gesundheit anderer achten.

Gesundheit: Checkliste

- Trägt das geplante Vorhaben zur Steigerung der eigenen Gesundheit und der Gesundheit anderer bei?
- Woran erkenne ich, dass sich meine Gesundheit und die Gesundheit anderer verbessert?
- Könnte es sein, dass durch das geplante Vorhaben meine Gesundheit zwar verbessert, die Gesundheit anderer aber gefährdet wird?

Meine Notizen

Bild: Shutterstock

Musse

Müssiggang muss kein Laster sein. Forscher haben herausgefunden, dass er zu den menschlichen Grundbedürfnissen gehört. Musse bedeutet sich zu entspannen, in den Tag zu träumen, zu spielen, Humor und Ruhe zu pflegen. Oft braucht es wenig, um dieses Bedürfnis zu befriedigen. Der Stammtisch kann ein Ort der Musse sein, der Liegestuhl, das Gespräch über die alten Zeiten oder ein spontanes Fest.

Es ist wichtig, Momente und Orte der Musse wertzuschätzen.

Musse: Checkliste

- Gönne ich mir und anderen Zeiten des Auftankens, Tagträumens, Nutzlos-Seins?
- Muss ich für meinen Müssiggang die Natur belasten?
- Wie wäre es wieder einmal zu spielen - kann ich das Ernsthafte mit einem Spiel verknüpfen?

Meine Notizen

Bild: Shutterstock

Identität

Identität bedeutet, ein Gefühl von Zugehörigkeit und Selbstsicherheit zu entwickeln. Mangelndes Selbstwertgefühl führt oft zu unnachhaltigen, zerstörerischen Handlungen. Identität kann sich äussern in Sprache, Religion, Sexualität, Gruppenzugehörigkeit, Karriere, ethischen und ästhetischen Werten.

Es ist wichtg, dass Menschen ihre Identität ausdrücken und leben können.

Identität: Checkliste

- Werde ich stolz darauf sein, wie ich mein Vorhaben umgesetzt habe?
- Können alle Beteiligte ihre Identität einbringen und ausdrücken?
- Angenommen ich müsste jemandem erklären, weshalb Nachhaltigkeit für mich wichtig ist: was würde ich sagen?
- Fördert die geplante Handlung Diversität?

Meine Notizen

Bild: Shutterstock

Verstehen

Menschen wollen verstehen - sie nehmen wahr und stellen Fragen. Um Antworten zu erhalten, fragen sie Ältere, lesen Bücher, forschen, experimentieren, stellen Hypothesen auf. Viele Menschen können die Schönheit und den Reichtum der Natur noch intensiver erleben, wenn sie versuchen zu verstehen.

Es ist wichtig, dass Menschen verstehen – sich selbst und die Welt, in der sie leben.

Verstehen: Checkliste

- Werde ich und andere Involvierte besser verstehen - werde ich etwas erkennen, herausfinden?
- Wann bin ich neugierig - warum?
- Wie können andere von meiner Neugier profitieren?

Meine Notizen

Grundlagen des Nachhaltigkeits-Kompasses

Der Nachhaltigkeits-Kompass ist auf zwei Rahmenwerken aufgebaut:

1) Das Rahmenwerk der Organisation "The Natural Step" beruht auf wissenschaftlicher Forschung. Es fasst in vier Merksätzen die Bedingungen zusammen, die eine nachhaltige Gesellschaft einzuhalten hat.

Quelle: https://thenaturalstep.org

2) Der chilenische Ökonom Manfred Max-Neef hat "Human Scale Development" ("Entwicklung nach menschlichem Mass") verfasst. Basierend auf der Erforschung von Armut hat er neun Grundbedürfnisse erkannt, nach deren Befriedigung die Menschen streben - unabhängig von Geschlecht, Bildung, Einkommen, Ethnie oder Kultur.

Quelle: Manfred Max-Neef: "Human Scale Development". The Apex Press, New York and London, 1991.

Entstehung

Der Nachhaltigkeits-Kompass wurde als App für Smartphones entwickelt - und kann auch heute noch heruntergeladen werden. Ziel ist es, Menschen ein Instrument/eine Sprache anzubieten, die zu schlaueren Entscheidungen führt. Die App ist in mehreren Iterationen mit Rollenspielen und Expertengesprächen entstanden. Es galt dabei, die wissenschaftlichen Grundlagen mit dem Denken und der alltäglichen Sprache der Nutzenden in Einklang zu bringen.

An dem Entwicklungsprozess waren ca. 25 Nachhaltigkeits-Expertinnen aus der Schweiz, Schweden, Mexiko, Brasilien, Kanada, USA und Indien beteiligt. Ein spezieller Dank geht an: Itzel Orozco, Telma Gomes, Herman Gyr, Lisa Friedman, David Hasler, Stanley Nyoni, Richard Chrenko, Peter Carson, Reed Evans, Kathrin Fuchs und Alexandre Magnin.

Feedbacks

"Die moderne Wissenschaft zeigt, dass unsere Welt nicht nachhaltig ist. Das Problem ist: wie erreichen wir die Menschen, die willens sind, etwas zu tun? Der Nachhaltigkeits-Kompass tut es, indem er schlaue Fragen stellt und damit schlaues Handeln auslöst. Ich mag seine Direktheit und Einfachheit."

Karl-Henrik Robèrt, Gründer The Natural Step,
Ashoka Fellow und Empfänger des Blue Planet Prize

"Die Gestaltung der App und des dazu gehörigen Kartensets ist wirklich schlau. Die Fragen helfen uns auf sanfte Weise zu realisieren, dass wir nachhaltiger leben WOLLEN - dass es für uns wichtig ist."

Bob Willard, Autor von "Sustainability Advantage"

"Meiner Meinung nach sollten gute Entscheidungen und Innovationen damit anfangen, ein Problem zu verstehen und gute Fragen zu stellen. Ich mag diese Funktion des Fragens im Nachhaltigkeits-Kompass."

Andreas Gyr, Architekt, Programm-Manager Google

"Die Fragen des Nachhaltigkeits-Kompasses ermöglichen es einem, über die eigenen Grenzen hinauszudenken. Eine gute Investition."

Fatima Vidal, Autorin, Bloggerin, Zeichnerin